AF444079

Es cuestión de Éxito y ser feliz

Lucy Amado®

Es cuestión de Éxito y ser feliz.
© Lucy Amado

© primera edición marzo 2018

ISBN: 978-980-18-0005-7
Depósito legal: DC2018000281

Coordinación editorial: Javier Cedeño
Edición: Keyla Brando

Diseño Gráfico: Puche Lilibeth
Diseño Portada: Jonathan Mendez

Introducción

La experiencia que he adquirido como conferencista y motivadora en estos últimos años me ha convencido de que el éxito y la felicidad van de la mano. Este libro te llevará por un paseo mágico hacia lo que representa el éxito y la felicidad. Es importante que entiendas que la felicidad es la llave del éxito, pues al hacer todo con amor podrás lograr tus objetivos.

Presento una definición clara y sencilla del éxito y la felicidad, además de resaltar su importancia. De la misma forma, te invito a conocer en qué consisten los tipos de éxito (personal, familiar, empresarial y financiero) y cómo lograrlos.

No existe una fórmula mágica para alcanzar la felicidad y el éxito. Mi tarea es que disfrutes de todos los instantes de tu vida y puedas convertir el dolor en aprendizaje. Por ello incluí algunos consejos bastante útiles, la idea es que crees un plan personalizado que se adapte a tus objetivos y metas.

Hay dos aspectos muy importantes que siempre recalco: utilizar el poder del pensamiento positivo y aprender del fracaso. No te estreses por ser exitoso. Es muy importante que seas optimista y paciente: el camino es largo, pero al final te espera la felicidad que siempre has deseado.

Por último, te invito a que, una vez que leas mi libro, te conviertas en agente multiplicador de éxito y felicidad. En otras palabras, sembrar esa idea en quienes te rodean. Por supuesto que tropezarás con algunos obstáculos, pero aprenderás a manejarlos con estas herramientas. El momento de tener una vida plena y satisfactoria es ahora.

Lucy Amado®

*El éxito se trata de que respondamos
a la invitación que nos hace la vida
de cambiar, de crecer, de desarrollarnos
y de llegar finalmente a ser lo que
deseamos, para estar en un lugar mejor
o para conseguir una mejor posición.*

a- Definición e importancia del éxito

Recuerdo cuando tenía poco más de catorce años y estaba sentada en el porche de mi hogar. Debo decir que no era un porche cualquiera; era el de mi casa, una de las más grandes de mi ciudad. La vista desde allí era hermosa: árboles y un lago artificial con flores de loto y pececitos de colores. Al contemplar ese hermoso paisaje vinieron a mi mente grandes sueños: casarme, tener hijos, levantar un hogar y hasta dar un discurso en la Organización de las Naciones Unidas (ONU).

Pasado un tiempo, comencé a pensar cómo lograría alcanzar esos sueños. Antes de tener un esposo, me busqué un novio. Para poder dar un discurso en la ONU, empecé a estudiar Derecho.

Todo parecía marchar perfectamente, hasta que sufrí un trágico accidente que cambió la vida que llevaba hasta ese momento: un edema en la médula me dejó tripléjica y en cama.

Para sobrepasar esta situación fueron claves mi fe, mi actitud positiva y mi perseverancia. Aprendí a caminar de nuevo. Gracias a esa experiencia replanteé mis sueños y aceleré algunos objetivos.

Como mencioné anteriormente, cursaba para ese entonces segundo año de Derecho. Debo admitir que hubo un enganche emocional anclado al accidente, lo que, de una u otra forma, aceleró la boda con mi novio, que hoy es mi esposo, e hizo que, luego, dejara por unos años los estudios para dedicarme a lo que más deseaba en aquel momento: ser madre.

Mis etapas de embarazos fueron hermosas. Pero lo mejor fue que pude suplantar el mal recuerdo que me traía una clínica por el del nacimiento de mis hijos, porque después de mi accidente juré que solo volvería a un quirófano cuando tuviera a mis niños. En pocas palabras, suplanté un recuerdo oscuro, triste y gris, por el más bello que puede tener una mujer: salir de una clínica con un hijo en los brazos.

¿Qué pasó con mis otros sueños? Realmente los acontecimientos me obligaron a que cambiara el rumbo de mis objetivos. Quizás, lo lógico era graduarme primero, casarme después y luego los niños. Aunque todo sucedió de esta manera, pues no tenía ni un ápice de formación profesional que me hiciera replantear los objetivos. Dios supo en qué tiempo entregarme cada cosa que pedía.

Y en este sentido quizás te preguntes: cuando te casaste y tuviste tus hijos, ¿habías alcanzado el éxito? ¡Claro que sí! Desde el punto de vista personal, ya estaba encaminada como esposa y madre a la consecución de esos objetivos para mi éxito personal.

Pero, como casi siempre existe un pero, aún había objetivos profesionales por lograr, lo que, de una u otra forma, hacía que no me sintiera del todo feliz.

Entonces me dediqué a trabajar en lo que faltaba. Después de retomar mis estudios, graduarme y empezar a dar clases en la universidad, comencé a subir peldaños en lo que respecta a lo profesional, hasta que decidí dar un salto cuántico para convertirme en la conferencista que soy hoy.

Con esta pequeña historia de mi vida, en la que no detallé otros momentos de dolor que pudieron convertirse en obstáculos, definimos el éxito como *la consecuencia acertada de una acción o emprendimiento*.

Asimismo, podemos conceptualizarlo como *la capacidad de ir por algo mucho mejor de lo que tenemos*. Es llegar a la meta, usando la sabiduría que nos llena, comprendiendo el potencial de la vida y tomando en cuenta lo material, lo práctico y lo místico.

El éxito se trata de que respondamos a la invitación que nos hace la vida de cambiar, de crecer, de desarrollarnos y de llegar finalmente a ser lo que deseamos, para estar en un lugar mejor o para conseguir una mejor posición.

De manera que afirmamos, entonces, que el éxito consiste en realizar nuestra vida como nosotros la deseamos. Teniendo en cuenta para ello el mar de posibilidades que se nos presentan y el ejemplo de vida de quienes admiramos y deseamos tomar como pauta.

Así que si deseas alcanzar el éxito, debes trabajar para lograrlo. Empieza a programar tu mente para soñar en grande y persevera para que esto suceda.

Algo básico que debes saber es que *el éxito es la consecución de objetivos*. La clave está en que cuando te propongas objetivos que realmente te interesen, ya no seas la misma persona. Porque los verdaderos objetivos te afectarán en todo: rutinas, relaciones y actividades. Una vez que los establezcas, cambiará tu forma de estrechar la mano, de vestir, tu voz e incluso tus sentimientos. Proponte objetivos que valgan la pena, tanto que, cuando trabajes por ellos, el resto de las cosas se relacionen solo con su consecución.

¿Por qué son tan importantes los objetivos para el logro del éxito? Ni los más expertos en esta área dan una respuesta clara. Algunos señalan que se debe a los misterios de la vida, pero la mayoría ha llegado a la misma conclusión: funcionan.

El hecho de que te plantees objetivos te transforma, te motiva y te lleva a la acción. Pues el verdadero valor del planteamiento de los objetivos reside en que te esfuerces para alcanzarlos.

Por otro lado, la fijación de metas también es fundamental para alcanzar el éxito. **Las metas** son *los procesos que debes seguir para que logres tus objetivos y te encuentres con el éxito.*

La claridad que tengas sobre las cosas que deseas obtener determina, en gran medida, el logro efectivo de ellas. Muchos no saben lo que quieren, por lo que pasan sus vidas preguntándose por qué el éxito y el triunfo no están de su parte.

Cuando planeas un viaje sabes a dónde vas a ir y eso te facilita todo. Visualizas el sitio y vislumbras con claridad suficiente lo que deseas, de manera relativamente simple.

Por ello, es importante que internalices que una meta es un objetivo, pero a pequeña escala. En un estudiante, una meta es terminar el año o el semestre, para alcanzar el éxito por medio de su objetivo, que es terminar la carrera.

Igualmente sucede en el ámbito económico. Si una persona desea crear riqueza, su meta puede ser la creación de un ingreso pasivo, para así lograr su objetivo: obtener libertad financiera.

En pocas palabras, un objetivo se encuentra conformado por dos o más metas. Si no puedes dividir un objetivo en metas, entonces no es un objetivo, sino una meta.

Otro ejemplo de esto puede ser el de las personas millonarias. De ellos valoramos el conocimiento, la disciplina y el liderazgo que desarrollaron para alcanzar tan elevada posición. Adquirieron experiencia al planear y desarrollar estrategias, valiéndose de su fuerza interior. Gracias a su coraje, firmeza y propósito lograron ganar el millón de dólares.

Si le entregas un millón de dólares a una persona que no los ha trabajado, de seguro los perderá. Caso contrario ocurre con un individuo que es despojado de su fortuna, porque este, al poco tiempo, logrará amasar una nueva.

Con todo lo que he explicado en este apartado, ya deberías saber que *para tener éxito es preciso disciplina y determinación*. No puedes confiar en que atraerás el éxito, si eres perezoso, si no tienes deseos de estudiar y si no deseas desarrollar lo que quieres.

¿Cómo puedes hacerlo? Te recomiendo que elabores un plan detallado de tus objetivos. Al respecto, voy a darte una guía sencilla como ejemplo:

Día	Objetivo	Metas	Plan de Acción
15 de enero	Perder peso 10 kilos	- Perder 3 kilos la primera semana. - Perder 2 kilos la segunda semana. - Lograr perder los otros 5 kilos en las siguientes semanas.	- Ve al nutricionista. - Inscríbete en un gimnasio. - Evalúa dónde puedes practicar deportes.
8 de Enero	Licenciarte en una carrera universitaria	- Matricularte, sin dejar que el tiempo pase. - Obtener buenas calificaciones. - Los profesores más estrictos serán tu desafío. - Realiza cursos relacionados con tu carrera en los tiempos libres de cada trimestre o semestre.	- Toma en cuenta tu actitud y gustos hacia la carrera que deseas. - Busca el pensum de estudios. - Evalúa universidades (costos, becas, entre otros). - Inscríbete en la mejor opción.
8 de Enero	Aprender otro Idioma	- Estudia y esfuérzate en cada nivel. - Escucha audios y repite frases durante el día. - Pierde el miedo y la presión de hacerlo bien.	- Escoge cuál idioma deseas estudiar. - Busca las escuelas que lo dicten. - Evalúa tu presupuesto y las distintas opciones de pago. - Investiga cuál es la mejor forma de aprenderlo: on- line o presencial.

Ten por seguro que si haces en primer lugar lo que quieres y aplicas este sencillo plan, te será más fácil llegar a tus metas.

Algo muy importante es que busques nuevas formas de aumentar tu productividad. Comparto contigo estos consejos para que seas más productivo:

1. Evalúa cada opción posible, quizás la tienes frente a ti y no eres capaz de verla.

2. Acumula experiencia en lo que hagas, así lograrás sobresalir.

3. No te dejes llevar por las experiencias de otros, sobre todo si estas son negativas.

4. Elimina lo innecesario.

5. Fija metas diarias: si te mantienes enfocado, evitarás sucumbir ante las presiones del día a día.

6. Aprende a enfrentarte con las tareas menos placenteras: elige la mañana para ello, en vez de dejarlo para el final de la tarde.

7. Identifica tus horas pico: ¿a qué hora del día sientes mayor motivación? Agenda las tareas más importantes para dicha hora.

8. Empaqueta tu tiempo: estipula lapsos estrictos y concretos para cada tarea que vas a realizar, sin importar cuánto tiempo sea.

9. Define minitareas: al estar concentrado en labores específicas, se te hará más fácil realizarlas mecánicamente.

10. Elimina distracciones: si trabajas en el computador, desconecta los programas de chat y redes sociales. Ve a un lugar calmado y enfócate en la tarea pendiente. Si la música te sienta bien, puedes utilizar audífonos.

11. Aumenta tu frecuencia: escribe más rápido, lee más rápido e, incluso, habla más rápido.

12. Prepárate: alista el material y todo aquello que sea necesario para el día siguiente.

Aumentar la productividad es genial: te permite lograr mejores resultados y con menor esfuerzo. Muchas veces carecemos de herramientas para aumentar la productividad, dejar de perder el tiempo y simplemente enfocarnos en nuestras tareas de manera eficiente.

Vive con más amor y aumenta la confianza en ti mismo. Tener confianza significa que eres capaz de pedir lo que deseas, expresar tu desacuerdo de manera respetuosa, hacer sugerencias, decir "no" sin sentirte culpable y además que eres capaz de defender a otra persona.

Todos los días nos enfrentamos a situaciones en las que tener confianza y seguridad es de gran ayuda. Por ejemplo: invitar a alguien a una cita, acercarte a un profesor para hacerle una pregunta o ir a una entrevista de trabajo.

A continuación te voy a dar una serie de recomendaciones para que tengas más confianza en ti mismo:

1. Revisa tu camino: recuerda cómo llegaste a cumplir tus metas, cuáles fueron los pasos que seguiste y busca las similitudes con tus deseos actuales.

2. Escribe una lista de tus habilidades.

3. Deja el pasado en el pasado: estar atrapado en los aspectos negativos no te ayudará a crecer ni a superarte. Concéntrate en los aspectos positivos.

4. Atrévete a más y deja el miedo: si no te sientes seguro al hablar en público, hazlo frente a un espejo. Si no te gustan las alturas, cada día sube un escalón, hasta llegar al último piso.

5. Arriesga y gana: a menudo otorgamos excesiva importancia a los potenciales problemas que pueden

surgir si intentamos algo. Es mejor enfocar nuestra energía en alcanzar las metas que nos proponemos.

6. Visualízate triunfando: si estás asustado porque vas a hacer algo por primera vez, imagina que antes ya lo has realizado. Recuerda que la mente no sabe diferenciar entre algo imaginado con mucho detalle y lo real.

7. Viaja al futuro: viendo las cosas en perspectiva, nos damos cuenta de la importancia que realmente tienen.

8. Escúchate: anula la molesta y negativa vocecilla interna que te dicta cómo actuar. Imagina que tomas el control de la televisión y lo pones en mute.

Ser una persona segura de sí misma es una elección y un proceso que necesita tiempo y dedicación. Está en tus manos empezar a reconocerte o volver a hacerlo, si es que has perdido esa costumbre.

¡Comienza a trabajar! Actúa desde hoy mismo. Recuerda que el alcance del éxito, en cualquiera de sus ámbitos (personal, familiar, empresarial y financiero), depende de ti.

b.- Éxito personal

¿Cuál es el sentido de la vida? He entendido que tiene que ver con contemplar la cotidianidad, con escuchar el sonido de una canción, con disfrutar de los placeres del mundo, con saborear y percibir un aroma o con admirar la belleza y la riqueza propia de la naturaleza.

Tomando en cuenta esto, podríamos definir el éxito en el ámbito **personal** como esa *capacidad que poseemos de realizarnos y de percibir lo que sucede de forma satisfactoria*. Así, el éxito personal se da cuando somos capaces de hacer nuestros sueños realidad.

Para algunos el éxito personal es trabajar durante el día, volver a la casa junto a la familia y agradecer a Dios antes de dormir. Mientras que para otros se alcanza ascendiendo en una carrera o dirigiendo un negocio exitoso.

Cuando decidimos el camino de nuestra vida, debemos ser fieles a nosotros mismos. No podemos permitir que sean otros los que nos impongan los objetivos o las metas para el éxito.

Al iniciar la cruzada por el éxito personal, te encontrarás con muchas situaciones que vas a enfrentar. Es recomendable que practiques las siguientes técnicas para lograr la victoria que deseas:

-Mantén el foco: persigue tus objetivos y metas con tenacidad.

-Aprende de las personas que han logrado lo que desean: observa a los mejores e intenta copiar lo que ellos hicieron.

-Trabaja en tus objetivos y metas: si lo que quieres realmente vale la pena, entonces no te importará trabajar duro por ello. Si el esfuerzo necesario para alcanzar tus objetivos no te emociona, deberás replantear tus planes. Recuerda que el tiempo no te espera. Si dejas pasar los días, tus objetivos y metas se convertirán en una pregunta: ¿qué hubiera pasado si...?

Quienes están próximos a obtener el éxito personal encaran cada nuevo día con entusiasmo, confianza y optimismo. Ellos se enfrentan al miedo, pero lo superan, por lo que están en armonía y satisfechos de la vida que han elegido.

Entonces, el éxito y la satisfacción personal son una misma cosa. Lo que percibimos de nosotros mismos, de nuestro trabajo y de nuestras relaciones humanas nos ayudan (o perjudican) en la consecución de nuestros objetivos.

Por ello, para que logres el éxito personal es necesario que, además de los objetivos y de las metas, ames el trabajo. Debes vivir a plenitud e incluir dentro de tu percepción mental que el trabajo, los desafíos y el sacrificio forman parte de tu rutina, para que tengas la habilidad de convertir las adversidades en oportunidades de desarrollo.

Inunda de alegría a las personas que te rodean. Una sonrisa es una prueba de fuerza interior y de un pensamiento positivo ante la vida.

c.- Éxito familiar

El éxito es un proceso. Así lo he aprendido. No cae del cielo ni tampoco es algo mágico o misterioso, sino que es el resultado natural de aplicar, consecuentemente, sus fundamentos.

Una familia exitosa es una familia saludable, en la que sus miembros se sienten bien, pueden crecer y ser cada día mejores personas.

¿Cuáles son las características de una familia exitosa?

-Inteligencia emocional: es la capacidad de saber gobernar y transmitir las emociones de manera sana, sin permitir que las insanas se desborden o exploten. El rencor, la irritabilidad, el miedo y la ira son emociones distorsionadas, que contaminan la atmósfera familiar y generan conflictos. Hay dos aspectos negativos en el manejo de las emociones: la represión y la explosión. La primera lleva a la alexitimia o a la incapacidad para identificar las emociones propias. La segunda genera agresión.

-Inteligencia espiritual: es la fe en un dios. Los seres humanos siempre vamos a creer en algo o en alguien. Dios, en el lenguaje del amor, se impregna en el estilo de vida de la familia y se traduce en el yo interno de cada integrante. Dios determina una manera de ser y de pensar, y una familia exitosa vive de acuerdo con estos principios y enseñanzas.

-Inteligencia moral: es el manejo de valores. Tiene que ver con los principios éticos a los que están sujetos los miembros de una familia. En la medida en que estos valores sean positivos y claros, la familia será exitosa. Existen dos aspectos que deben evitarse: la hipernormatividad, que consiste en imponer legalistamente los valores, y la hiponormatividad, que es cuando no se enseñan apropiadamente los valores.

-Inteligencia social: es la capacidad de los miembros de la familia de interactuar en relaciones sanas y equilibradas. Que los hijos experimenten sentimientos de pertenencia y autonomía, es decir, que se sientan acogidos y amados por su familia, sin estar atrapados en ella. Hay dos extremos que deben evitarse: interacciones aglutinadas, que atentan contra la autonomía, e interacciones desligadas, que atentan contra la pertenencia. Una familia exitosa es capaz de crear una atmósfera social en la que se respire, de manera equilibrada, pertenencia y autonomía.

-Inteligencia comunicacional: es el manejo del poder. En una familia exitosa la autoridad es equilibrada y compartida. El papá es el líder, pero comparte el poder con la mamá, mientras que los hijos también tienen su cuota de poder, aunque subordinados a los mayores. Dos aspectos negativos que no deben practicarse: una comunicación imperial, en la que una persona centraliza el poder absoluto, y la comunicación anárquica, en la que no existe poder en ninguno de los miembros de la familia.

Ahora que conoces estas características, te toca hacer todo lo posible para alcanzar el éxito familiar, cuida tu entorno y evita intoxicarlo. Cuando tu familia esté reunida, establece objetivos y metas en pro de la armonía. El éxito familiar es amor, pues si no existe dicho amor, no lograrás el equilibrio que deseas para potenciar la armonía.

Te aseguro que tú, junto con los tuyos, serán capaces de luchar por objetivos y metas para conseguir el bienestar individual y colectivo.

d.- Éxito empresarial

Así como en la vida personal y familiar, el éxito también es visible en el mundo empresarial. En mi dinámica diaria, poco a poco, he conocido sobre el éxito empresarial, ese que aparece cuando creamos algo que de verdad contribuye a mejorar la vida de los demás.

¿Existe alguna definición concreta de éxito empresarial? En realidad no podemos hacer afirmaciones generales acerca de su origen. Cada compañía tiene sus propias características y su modelo de gestión que pueden ser diferentes y cambiantes a lo largo del tiempo.

Lo cierto es que el éxito empresarial se visualiza en un proyecto que ayude a cambiar las cosas. De manera que podemos ver el éxito empresarial como *el conjunto de hechos que los empresarios o unidades empresariales pueden realizar, en función de objetivos propuestos para aportar a la sociedad.*

En el caso de los empresarios, sus características y actitudes, casi siempre, determinan el éxito empresarial. Si deseas ser un empresario exitoso, el liderazgo, la dirección y la proactividad son cualidades que debes desarrollar.

Mientras más experiencia tengas como gerente, mayor será tu probabilidad de alcanzar el éxito. La experiencia va unida a un mayor nivel de conocimiento de los procesos productivos, del mercado y de los clientes.

Otra cosa que debes poseer para ser un empresario exitoso es un buen nivel educativo, asociado a la disponibilidad de conocimientos, tanto generales como específicos, que suponen un elemento favorable para la toma de decisiones.

Tener alianzas con otros negocios igualmente contribuirá al éxito empresarial, pues desarrollas las herramientas para cuando te toque emprender un nuevo proyecto. Asimismo, características como la edad, la procedencia y la apariencia personal también son determinantes.

Un empresario exitoso es progresivo, pues se esfuerza en trabajar en función de sus objetivos y metas. Por ende, su empresa es dinámica, activa y productiva, debido a que está encaminada hacia el éxito.

¿Cómo sabes que tu empresa está encaminada hacia el éxito? Por su tamaño y su nivel de facturación. Según estas medidas, las empresas grandes son las que tendrían mayor éxito y las de menor tamaño tendrían menor éxito. Pero esto no corresponde con la realidad, ya que los objetivos de cada empresa, sea grande o pequeña, pueden variar.

Otro aspecto para decir que una empresa es exitosa es la rentabilidad y los dividendos que produce según su inversión. No obstante, esto puede presentar inconvenientes, ya que puede ser correcto a largo plazo, pero, a lo mejor, no lo será a corto o mediano plazo, cuando las empresas tienen otros objetivos.

El crecimiento a largo plazo es también un indicativo de éxito. Asimismo, en las organizaciones destaca la eficacia técnica, que se deriva de las actividades y los métodos de producción exitosos.

La generación de puestos de trabajo también refleja el éxito de una compañía. Se dice que, en muchos casos, las pequeñas empresas son capaces de tener más éxito que las grandes, lo que se opone totalmente al que dice que el tamaño es un indicador del éxito.

Por último, hay que destacar que existe un amplio conjunto de elementos, que, denominados factores externos, afectan directamente el funcionamiento de las empresas. Algunos pueden ser el entorno geográfico o el crecimiento de la economía.

Como ves, una empresa es exitosa cuando cumple o conjuga los factores anteriormente explicados.

Por esto, que seas buen empresario y que estés focalizado es vital para que, con muchas ideas, perseverancia y constancia, te conduzcas junto con tu empresa hacia el éxito empresarial.

e - Éxito financiero

La palabra riqueza es muy controversial porque trae a la mente una gran variedad de imágenes y, a veces, de conceptos conflictivos. Lo he visto, pero esto no es raro, pues cada quien enfoca la riqueza desde su propia perspectiva.

Riqueza puede significar tener suficiente dinero, conseguir la liberación de deudas, entre otras cosas.

La mayoría de la gente, que no se preocupa ni piensa mucho en este asunto, considera que la riqueza y el éxito financiero se engloban en la palabra "millones" porque se trata de una palabra muy excitante: suena a éxito, a libertad, poder, influencia, placeres, capacidad y magnanimidad.

Sin duda alguna, ser millonario no es una idea rechazable. Pero el éxito financiero es mucho más que eso. Podemos afirmar que el éxito financiero es *alcanzar la libertad para que gocemos de entradas crecientes de dinero, muy por encima del nivel de nuestros gastos.*

¿Cuándo alcanzas el éxito financiero? Cuando tus ingresos son lo suficientemente altos para que, en algún momento, no tengas que trabajar.

¿Cuáles son los pasos que debes seguir para lograr el éxito financiero?

    1. Creer que tienes el potencial para alcanzar cualquier meta financiera. Sin embargo, esto no es sencillo: el "no puedo" se apodera de tus pensamientos y te quedas estancado. La gran fortuna llegará cuando comiences a trabajar en proyectos y emprendimientos que realmente te conduzcan al éxito financiero.

2. Buscar los medios por donde fluirá la riqueza de tu vida. Las personas más ricas del mundo tienen negocios basados en diferentes sistemas, que les permiten dar bienes y servicios a la humanidad, para recibir a cambio jugosas cantidades de dinero. Recuerda que trabajar en algo que no ames o en un ambiente tóxico es la mayor fuga de energía. Para que el flujo de la prosperidad se manifieste en tu vida, tienes que amar tus proyectos y emprendimientos.

3. Destacarte en lo que hagas y ofrecer mucho más que tus competidores. Puedes iniciar tu camino hacia el éxito financiero con un emprendimiento básico y sencillo. Vendiendo galletas, por ejemplo. Lo importante es que te destaques en lo que haces. Es recomendable unirse a grupos o foros. Las redes sociales son los lugares donde las personas buscan opiniones y recomendaciones. Si te acercas a ellas con la verdadera intención de ayudar, comenzarás a atraer muchos más clientes, por lo que podrás consolidar tu negocio, ampliar tu red y convertirte en una franquicia.

4. Ampliar tus inversiones y hacer que el dinero trabaje para ti. Cuando tu emprendimiento o negocio empiece a generar ganancias, es el momento de aumentar la infraestructura. De esta manera, ofrecerás variedad y calidad. Si ves la oportunidad de diversificar, también puedes hacerlo. Lo ideal es que generes inversiones que te brinden entradas de dinero sin tu presencia o esfuerzo laboral.

5. Perseverar hasta derrotar todos los obstáculos. Te encontrarás con muchas pruebas, la resistencia interna se opondrá a tu progreso y, de seguro, fracasarás en muchos proyectos o estrategias. Ante estas situaciones, no debes desanimarte, sino seguir con determinación hasta que tu sistema de creencias genere tu prosperidad.

De modo que el éxito financiero proviene de la conversión del esfuerzo y del espíritu emprendedor en dinero y capital. La cantidad concreta de lo que necesitas para sentirte rico variará con respecto a la de los demás.

La meta siempre será la misma: sentirse libre de estrecheces económicas, tener libertad de elección y gozar de la oportunidad de crear y compartir.

¿Qué significa el éxito financiero para ti? Es momento de que evalúes esto y te des respuesta a ti mismo, a fin de que generes un plan de acción que se enfoque en lo que te gusta, en lo que haces y en tus objetivos.

f - Definición e importancia de la felicidad

Recuerdo que cuando comencé como conferencista, y planificaba mis contenidos, siempre pensaba en el tema de la felicidad.

Una vez leí una conferencia: "Cómo ser feliz y no morir en el intento". Acepté de inmediato ese título, pues rápidamente llegué a la conclusión de que nuestra vida se convierte en una carrera intensa para el logro de la felicidad.

La felicidad es algo que perseguimos todo el tiempo. *Es la alegría que, generalmente, está en nuestras actividades positivas.* Se da tanto en el placer de descubrir como en la satisfacción de conocer. Y acompaña a los que somos conscientes y disfrutamos de los colores, los sonidos y la armonía de vivir.

La felicidad consiste en apreciar y valorar lo que tenemos. Es la satisfacción por la labor diaria, incluyendo aquellas tareas que no nos sean gratas, de las que muy pocos nos liberamos.

Tanto filósofos como religiosos, por ejemplo la célebre frase de Aristóteles, "la felicidad consiste en hacer el bien", han expresado que la felicidad se trata de disfrutar todo lo que hagamos. Se caracteriza por sentimientos que van desde el bienestar y la satisfacción hasta la dicha y el gran júbilo.

La felicidad reside en los hogares que soportan los fracasos y mantienen bajo control las circunstancias, sin perder la sensación general de satisfacción.

Quienes sienten y viven la verdadera felicidad son conscientes del poder tremendamente positivo de la vida y del amor, al mismo tiempo que se libran de las nefastas secuelas del miedo: preocupación, envidia, avaricia, resentimientos, baja autoestima, prejuicios y odio.

En este sentido, la felicidad se convierte en un método y en una forma de pensar que organiza nuestros sentimientos, actividades y modos de vivir. En pocas palabras, *es una manera de interpretar el mundo y sus acontecimientos.*

¡No esperes más para ser feliz! ¿Cómo lo haces? Ya lo mencioné: disfrutando y viviendo al máximo. La vida es una sola y muy corta para esperar, ingenuamente, el momento perfecto, en el que la felicidad baje del cielo e ingrese a tu cotidianidad en forma de dinero, oportunidad o persona.

La felicidad es un estado que depende de ti. Es cierto que existen individuos que nacen con una predisposición a la felicidad. Se ha demostrado que la mitad de la felicidad es genética, pero la otra parte sí es individual.

Al analizar estudios de gemelos, los investigadores llegaron a la conclusión de que la felicidad es 50% genética, 40% intencional y 10% circunstancial (lugar donde vives, estado de salud, tipo de trabajo, relación matrimonial, ingresos económicos, etc.).

Como ves, de igual manera tienes que aprender a ser feliz. No te puedes conformar con una vida que no sea plena, rica y gratificante.

Pero ser feliz tampoco significa vivir con una carcajada todo el tiempo. ¡Eso es imposible! Cuando alcanzas la felicidad, los momentos positivos superan los negativos, y los logros son mayores que los fracasos. Así tu existencia va adquiriendo un sentido y un significado.

La vida es un juego con muchos participantes y espectadores. En algunos momentos serás protagonista y, en otros, te tocará interpretar un papel secundario. *Vive al máximo cada instante. Sí, en el que te toque estar.*

Sería interesante que analizaras la siguiente frase: *Sé feliz con lo que ahora tienes, mientras persigues lo que deseas.* Es bueno que intentes aplicar esto como máxima. Realmente, no es difícil aprender el arte de vivir bien. Lo ideal es que tu existencia sea agradable y plena.

Una vida feliz y placentera supone determinación. Es un arte que se practica con placer. Es, en pocas palabras, la decisión de gozar todas las experiencias y las posibilidades de cada día.

No obstante, el buen vivir también requiere de la ampliación de tus conocimientos y experiencias, con la enseñanza e influencia de libros, individuos, películas o viajes. De manera que intentes siempre aprender y disfrutar de todas tus relaciones y aventuras.

Ahora piensa en lo que puedes hacer para sentirte mejor y más conforme contigo mismo. Todo lo que necesitas es que una idea feliz se abra camino en tu mente y te lleve a realizar un acto agradable y consciente. Dicho acto enlazará tus ilusiones con la realidad de la nueva experiencia.

Y no pienses en la felicidad como algo perdido en el pasado o como la cima que alcanzarás en un distante futuro. Evita pensamientos del tipo: "Seré feliz cuando me gradúe, cuando compre mi carro o cuando me case". *Comprende que la felicidad solo se puede sentir en el presente.* Y que, como todo lo bueno, es algo esquiva, pero siempre alcanzable.

Pregúntate qué te hace feliz. Quizás la respuesta es muy relativa, pues lo que te hace feliz a ti, no es lo mismo que hace feliz a otros. Bueno, esa es una tarea asignada. Averígualo y ve por ello.

g- El éxito va de la mano con la felicidad

La felicidad es disfrutar de los instantes de placer y aprender que los momentos de dolor se traducen en lecciones. He visto personas que en pleno lecho de muerte se arrepienten de la manera en que vivieron.

¿A qué se debe esto? Seguramente se enfrascaron en el logro de objetivos/metas o en lo negativo. Se olvidaron de vivir y, por falta de determinación o coraje, no disfrutaron de lo que la vida les regalaba, por ejemplo: el verdadero amor o la compañía de un hijo.

Para alcanzar el éxito es necesario establecer objetivos, pero para ser felices tenemos que aprender a valorar lo que nos rodea. La idea es que seamos felices y exitosos. A partir de este momento, que ya conoces las definiciones, entendemos que la felicidad y el éxito van de la mano.

Y es que el éxito sin la felicidad no vale la pena. Hay que complementarlos. ¿Cuántos obtienen sus objetivos, pero al final se sienten vacíos? Lo que pasa es que muchas veces centramos nuestras energías en alcanzar el éxito y muy pocas en buscar la felicidad. Nos obsesionamos con lograr cosas y nos olvidamos de vivir.

Las frases "trabaja duro y tendrás más éxito" o "si tienes más éxito, serás feliz". ¿Cuántas veces las hemos escuchado? Es que existe la creencia de que el éxito es la causa de la felicidad. Y, aunque esté muy extendida, no es cierta.

Si quieres ser feliz y exitoso, examínate y encuentra lo que en realidad anhelas. Luego sí es preciso que te propongas objetivos/metas y que trabajes todos los días por ellos. Recuerda que lo más importante es disfrutar cada parte del proceso con lo que tienes a la mano.

Una vez que definas muy bien tu idea de éxito, puedes decir que has marcado también la ruta hacia la felicidad. Dicha ruta te ayudará a mantenerte tranquilo, centrado y con actitud positiva. Te mereces todas esas maravillas que aguardan impacientemente por ti.

Puede ser que algunas cosas no salgan como tú quieras. Pero no te desmotives, recuerda que siempre te aguarda otra oportunidad a la vuelta de la esquina. Lo importante es que te mantengas atento y aproveches para "saborear" lo bueno.

Si vas de la mano de la felicidad, el éxito llegará más rápido de lo que esperas y te aseguro que no perderás tu tiempo. Disfrutarás el camino para encontrar lo que buscas y lo seguirás haciendo cuando lo encuentres porque empezaste siendo feliz.

h- ¿Permanecer felices para el éxito?

El éxito empieza por un sueño, que debe trabajarse con felicidad. Me atrevo a decir que mis éxitos se dieron, en gran parte, porque fui capaz de dar un salto hacia adelante. Visualicé el éxito de forma persistente e inteligente, mientras disfruté mis procesos bajo el lema: voy a ganar.

Con esto quiero explicar que todos tenemos dos tipos de visión: la física, que nos facilitan los ojos, y la mental.

La visión física nos dice qué objetos nos rodean. Los ojos nos muestran imágenes de árboles, personas, edificios, montañas, lagos, estrellas y otras cosas tangibles.

Mientras que la visión mental es diferente. Con ella tenemos la facultad de observar lo no creado, ya que está relacionada con la capacidad de soñar. Si la usamos, veremos, por ejemplo, el hogar que queremos, la relación familiar que anhelamos, los ingresos que nos gustaría tener o las vacaciones que nos apetecería tomar.

Recuerda que *desear no es lo mismo que soñar*. El deseo es algo pasivo e inactivo. Desear es un pasatiempo ocioso que no está impulsado por un esfuerzo mental. Soñar, por el contrario, está respaldado por un plan de acción destinado a obtener resultados.

Yo he puesto en práctica la visión mental, que es la misma que utilizan las personas felices y exitosas. Esta visión es puramente espiritual y solamente vislumbra posibilidades. Ella devela lo que todavía no es real y tangible. *El éxito y la felicidad dependen de cómo decidamos emplear la visión mental de soñar.*

No obstante, aunque exista esta poderosa herramienta de la visión mental, aún son muchos los que ven el futuro lleno de problemas y no logran el éxito. ¿Por qué? Porque no son felices en el proceso.

Sin embargo, también existen unos cuantos soñadores que orientan su vida hacia el éxito. Saben que el futuro está lleno de situaciones estimulantes y felices. Consideran que el trabajo es el camino hacia el progreso, sus relaciones sociales son una motivación y su vida doméstica es emocionante. Prefieren el sueño de una vida buena, rica y feliz.

Todo depende de cómo utilices tu visión mental, eligiendo qué ver o soñar, para que alcances el éxito. *Recuerda que la felicidad complementa al éxito.* Tú eres capaz de convertir tu existencia en un paraíso o en un infierno. Sencillo: si eres feliz y ves la vida como un paraíso, serás un ganador; si la ves como un infierno, serás un perdedor.

En este sentido, permanecer feliz te ayudará a alcanzar el éxito, preparándote con productividad, creatividad, buenas relaciones, sentido del humor y salud.

Si te encanta lo que haces, tendrás éxito. Reír alivia tu estrés, incrementa tu nivel de energía y te aleja pensamientos de enojo, ansiedad o aflicción.

Quiero que conozcas los ocho comportamientos de las personas felices, según la Dra. Sonja Lyubomirsky, profesora de Psicología en la Universidad de California y autora del libro *How of happiness*:

1. Cuentas tus bendiciones: recuerda las cosas buenas que tiene la vida.

2. Realizas actos de bondad: la generosidad y la amabilidad realmente te hacen feliz.

3. Agradeces a un mentor.

4. Tienes tiempo para la familia y los amigos: el factor más importante es construir relaciones sólidas.

5. Sabes perdonar: olvidas las ofensas de quienes te hicieron sufrir para no seguir cargando con este problema.

6. Cuidas tu salud y tu cuerpo: un cuerpo sano genera una mente sana. Dormir lo suficiente, hacer ejercicios y reír son algunas acciones que pueden mejorar tu estado de ánimo.

7. Notas las cosas buenas a medida que suceden: te enfocas siempre en los bonitos momentos del día.

8. Aprendes a pensar positivamente: no te abrumas por los problemas y buscas resolverlos.

Lucy Amado®

El éxito Recuerda que tú tienes
el poder de alcanzar grandes objetivos
y de escalar cualquier montaña.
Tú puedes desarrollar una gran vida,
programando positivamente tu mente.
Prepárate para el futuro: lo que un día
hiciste por otro, luego te lo harán a ti.
Atesora y recuerda que nada
es permanente, lo único permanente
es el cambio.

a- **Los días de oscuridad**

Ciertamente, no todos los días son iguales. El cambio siempre está presente. Por ello, aunque estén definidos objetivos/metas y se note el progreso hacia el éxito, los días de oscuridad llegan. Yo he comprendido que la vida es dinámica, todo fluye y cambia, como las aguas de un río. Y lo hice cuando entendí que ninguna de las situaciones a las que nos enfrentamos, buenas o malas, son duraderas.

Hoy podemos estar en la marea alta, trabajando por los objetivos del éxito y cumpliendo metas, o en la marea baja, sufriendo por un fracaso o por una derrota.

Lo que sucede es que los días difíciles nos marcan. Sí, es verdad, muchas veces los ciclos de la vida se ponen en nuestra contra. Y podemos pasar de la riqueza a la pobreza o del placer a la desesperación en cuestión de segundos.

¿Qué puedes hacer durante esos días de oscuridad? Debes confiar en tus propias capacidades y acciones. Lo importante es que no te des por vencido, sino que continúes, pero con determinación y buena disposición.

Comparto algunos consejos para que enfrentes esos días de oscuridad:

-Tener fe en que las cosas mejorarán, aunque sientas un gran peso o creas que se te viene encima una enorme ola.

-Mirar el lado positivo de la situación: utiliza la visión mental. Sí, esa facultad que posees de percibir la mejor cara de la vida. El uso de esta visión constituye una actitud vital y un plan de acción.

-Tener pensamientos positivos. Tu mente es un auténtico ordenador personal, que puedes programar y darle instrucciones para que aproveche las mejores oportunidades.

-Volver al ruedo y buscar la manera de sobrepasar el mal momento. Piensa en lo que anhelas alcanzar para que tomes impulso y sigas en tu camino hacia el éxito.

-Tomar en cuenta el sustento espiritual. Pide ayuda a Dios, especialmente cuando tu fuerza de voluntad flaquee ante las adversidades, y agradécele por los objetivos y las metas que sí has podido cumplir.

Recuerda: se te ha concedido la gracia de la vida, pero te toca a ti decidir si vas a utilizar las leyes de Dios para crear, prosperar y cumplir con tus objetivos y metas.

Todas estas acciones las puedes poner en marcha para superar las circunstancias difíciles. Cuando te enfocas en los pensamientos negativos, perturbas tu paz y tu armonía. Es muy difícil estar molesto y sentir felicidad al mismo tiempo.

Recuerda que tú tienes el poder de alcanzar grandes objetivos y de escalar cualquier montaña. Tú puedes desarrollar una gran vida, programando positivamente tu mente.

Este empoderamiento te permitirá aumentar tu fortaleza tanto personal como espiritual. Cuando tu trabajo y tu buena actitud te hayan dado fortuna, busca a aquellos que están en marea baja y ayúdalos a levantarse. Prepárate para el futuro: lo que un día hiciste por otro, luego te lo harán a ti. Atesora y recuerda que nada es permanente, *lo único permanente es el cambio.*

b.- El poder del pensamiento positivo

Es importante programar la mente para ganar. Siempre me ha gustado el tema del pensamiento positivo, pues sé, por experiencia, que de verdad nos ayuda a alcanzar la felicidad y el éxito. Su poder es evidente cuando se convierte en un hábito.

¿Y cuándo pasa esto? Cuando somos capaces de ver lo positivo de las dificultades para volver a encaminarnos hacia lo que, con anterioridad, nos habíamos trazado.

Y es que **el pensamiento positivo** tiene que ver con la acción: cuando sabemos lo que queremos, la tendencia es que sigamos por el camino adecuado. El pensamiento positivo *activa la felicidad y nos ayuda a encontrar el éxito.*

Las victorias aumentan nuestra sabiduría. Luego de superar una situación difícil, nos sentiremos más maduros y afortunados. Y cada vez que tropecemos con un problema, ya sabremos cómo abordarlo.

Los triunfadores dicen: "Sé que voy a triunfar en este negocio" o "nunca me rendiré. No aceptaré un no por respuesta". Estos comentarios son propios de mentes que están programadas para ganar.

A otras personas, por el contrario, se les oye decir: "Yo sabía que no podía con ese trabajo", "me sentía derrotado antes de comenzar" o "siempre he sido un perdedor". Y la experiencia lo que ha hecho es demostrarlo. Estos individuos programan su mente para el fracaso.

Es muy importante que programes tu mente para el éxito, si quieres que tu pensamiento promueva tus acciones en pro de la felicidad, sé preciso con los objetivos/metas y recuérdalos en cada momento de dificultad. El hecho de saber lo que quieres te fortalece y te facilita el reconocimiento de las oportunidades.

Ten presente algo muy importante: *naciste campeón, por lo que tú eres la persona más especial que existe.* Guardas la victoria dentro de tu interior, eres capaz de romper el esquema de la derrota e identificarte con el éxito.

¿Hay otra manera de tener un pensamiento positivo ante una situación difícil? Claro que sí: recuerda las repetidas victorias sobre tus problemas, esas que forman parte de los peldaños de la escalera que te conducirá al éxito.

La grandeza está reservada para ti, si te mantienes apegado a ese ardiente deseo de seguir en el alcance de tus objetivos. *En toda adversidad está la semilla de un beneficio.*

Tu felicidad y tu éxito dependerán del pensamiento positivo. Podrás emprender la acción más deseable, al utilizar las situaciones a tu propia voluntad.

Hablemos un poco sobre la fuerza de voluntad. ¿Te has preguntado cuántas veces dices que irás al gimnasio y no lo haces? o ¿por qué sigues con esa persona que te hace sufrir? Al respecto, debes entrenar tu voluntad.

La fuerza de voluntad reduce la taza de impulsos negativos. El ser humano de por sí es incoherente: una cosa es lo que dice y otra es lo que hace, desde fumar hasta los malos hábitos alimenticios. La buena noticia es que somos libres y la voluntad es la clave para navegar por esas aguas.

Cuando no tomamos en cuenta las consecuencias de nuestros actos, nos convertimos en esclavos de los instintos y dejamos de ser libres. *La mente sin voluntad se anula en la acción.*

El déficit de voluntad en la sociedad conduce a sufrimientos y trastornos psicológicos, con el agravante de que se trata de un valor con poco protagonismo en la educación. Preferimos complacer los caprichos de un niño para evitar que llore. Aunque lo hacemos con la mejor intención, debilitamos su fuerza de voluntad.

Palabras como esfuerzo, disciplina o sacrificio están infravaloradas e, incluso, penalizadas en la actual cultura de la inmediatez. Debemos recordar que la fuerza de voluntad es un músculo: se fortalece con la práctica, se fatiga con el uso excesivo o se atrofia por la falta del mismo.

c- El fracaso como una vía para el aprendizaje

El ser humano es capaz de crear y llevar el anhelo a la imaginación para convertirlo en propósitos. Muchas veces visualicé cómo mis logros eran más grandes que mis planes, pero llegó un momento en el que decidí cambiar de rumbo y apareció el fracaso.

Sí, yo también he vivido días de oscuridad y dificultad, en los que siento que vienen hacia mí grandes olas para derrumbarme. En efecto, sí lograron desanimarme, por más que intenté ser feliz o activé mi pensamiento positivo. Sin embargo, nunca me he rendido ante un fracaso.

Podemos definir **el fracaso** como *la falta de éxito en una empresa, en un proyecto o en un trabajo.*

Debemos saber que vivimos en una sociedad muy competitiva, en la que, a medida que nos desarrollamos y evolucionamos, nos toca sobrevivir. Señalar a una persona como fracasada se ha convertido en un estigma difícil de sobrellevar. Y, aunque pueda sonar bastante drástico y aniquilante, a muchos se les hace cuesta arriba superar un fracaso.

El fracaso es algo que solo nos afecta a los seres humanos. Generalmente está acompañado por la desilusión y, en situaciones extremas, por la depresión.

Hay momentos en los que, siendo realistas, el fracaso es más fuerte y nos tumba. Eso pasa. ¿Cuántas veces buscando el éxito en cualquier ámbito nos hemos encontrado con el fracaso? No obstante, con esto no quiero decir que la felicidad y sus técnicas (perseverancia, visión mental, pensamiento positivo…) no funcionen para sobrellevar las complicaciones.

Siempre debemos intentar ser felices. Esto es efectivo, sin duda. Pero, aunque no lo creamos, a veces el fracaso es necesario para nuestro aprendizaje. Si ya hemos batallado con las herramientas existentes y no volvemos al ruedo, probablemente es tiempo de "darle la vuelta a la tortilla" y entender cuál es la enseñanza que nos quiere dejar el fracaso.

Cuando surge el fracaso, la mejor opción es convivir con él. Recuerda que no es el final. Es necesario que aprendamos de estas situaciones para no cometer los mismos errores en el futuro. Y así, poco a poco, activarnos nuevamente.

De pronto esa no era la pareja que nos convenía, no era recomendable esa casa o estábamos enfocando mal nuestro negocio.

¿Cómo obtienes el aprendizaje del fracaso? Analizando y leyendo entre líneas lo que ocurrió para decidir qué harás. En los casos que mencioné, o en otros más drásticos, es más fácil que "tires la toalla" al primer signo de derrota. No obstante, cuando cambias la derrota por la victoria y entiendes por qué ocurren las situaciones, armas nuevos planes y todo comienza a fluir.

No es posible obtener la felicidad o el éxito, si no has experimentado derrotas temporales. Cada vez que vivas un fracaso, acéptalo como una señal de que, a lo mejor, los planes en los que venías trabajando no eran los más indicados.

Ante el fracaso valora lo sucedido e intenta estar tranquilo. Saca el aprendizaje, reconstruye tus planes y embárcate de nuevo para trabajar por tus objetivos y tus metas. Olvídate de ser como los que desperdician su vida quejándose, hablando, deseando, rezando y excusándose.

Aprende a ver el lado positivo de lo que sucede. Experimenta el fracaso, cuando te toque vivirlo, sin que se convierta en el fin del mundo; al contrario, que sea una lección para tu crecimiento.

Como información adicional te explico algunas de las causas del fracaso:

-La falta de objetivos y metas: muchas veces no nos fijamos objetivos y metas por temor o desconocimiento. Sin embargo, estos son necesarios para ser más efectivos y obtener mejores resultados

-La falta de ambición para apuntar por encima de la mediocridad: solo por medio de la ambición se puede aspirar a la excelencia. Si alguien no demuestra ambición, no luchará para convertir una empresa en la mejor. La ambición, desde esta óptica, es necesaria. A partir de ahora piensa e interioriza: "quiero ser el mejor en…" y luego verbalízalo.

-La educación insuficiente: está demostrado que si tenemos una educación de calidad, alcanzaremos con mayor facilidad los objetivos y las metas.

-La falta de autodisciplina: es emocionante saber que podemos hacer cualquier cosa que pase por nuestra mente con autodisciplina, voluntad y fe. Ninguna otra habilidad es tan importante para la superación personal como el desarrollo de la autodisciplina. Ella es clave para el logro de tus sueños porque te enseña a actuar en cada momento, sin dejarte dominar por tus instintos.

-La mala salud: cómo cuidamos de nuestro cuerpo repercute en nuestro desempeño. La comida sana es nutritiva y fortalece tu mente, incluso algunos alimentos te vuelven más inteligente. Los horarios también son importantes, no permitas que tu hambre dicte las horas de comer. Otro punto significativo es el sueño: trabajar sin dormir genera resultados pobres. Aunque es admirable ver a una persona que está dispuesta a hacer todo para conseguir sus objetivos, tener un maratón laboral de 48 horas es contraproducente. A largo plazo la falta de sueño puede generarte problemas de salud: obesidad, diabetes o enfermedades cardiovasculares. Las rutinas físicas diarias son un ingrediente necesario para el éxito a largo plazo.

-La personalidad negativa: en la mayoría de los casos el pesimismo se encuentra enlazado al miedo. Si empiezas tu día negativamente, todo lo demás te parecerá malo. En vez de eso, transforma tu visión y enfócate en tus sueños y metas.

-La excesiva precaución: las personas que sufren exceso de prevención a menudo tienen una vida llena de rutinas que no les permite progresar y, además, suelen conformarse con aquello que queda una vez que los otros han elegido. Una persona excesivamente precavida raramente es feliz. Tomar riesgos es bueno, siempre y cuando lo hagamos para salir de nuestra zona de confort, debido a que crecemos a medida que experimentamos nuevas situaciones y resolvemos problemas.

-La superstición y el prejuicio: la superstición es la creencia contraria a la razón que atribuye una explicación mágica a la generación de fenómenos, procesos y sus relaciones. El prejuicio es el resultado de emitir un juicio sobre ciertas cosas y costumbres antes de conocerlas bien. En otras palabras, no debemos ser ni supersticiosos ni prejuiciosos porque son un obstáculo en nuestro camino hacia el éxito.

-La mala selección de una vocación: cuando no sabemos qué hacer con nuestra vida, es muy probable que no logremos nada y nos sintamos fracasados. Por ende te recomiendo que estudies lo que te apasiona.

En efecto, existen otras causas, pero a mi juicio estas son las más importantes. Decide hoy mismo dejarlas de lado, a fin de lograr el éxito. Si estás sumergido en una de ellas, levántate y sigue el camino hacia tu meta.

Lucy Amado®

El éxito nos conduce hacia nuevas oportunidades para que cambiemos, crezcamos, nos desarrollemos y, así, lleguemos a ser lo que deseamos. Cuando logramos el éxito, nos sentimos plenos, porque tiene que ver con la consecuencia acertada de una acción o un emprendimiento. Igualmente, está relacionado con la plenitud y la realización.

a.- ¿Cómo alcanzar el éxito?

El éxito nos conduce hacia nuevas oportunidades para que cambiemos, crezcamos, nos desarrollemos y, así, lleguemos a ser lo que deseamos.

Cuando logramos el éxito, nos sentimos plenos, porque tiene que ver con *la consecuencia acertada de una acción o un emprendimiento*. Igualmente, está relacionado con la plenitud y la realización.

Seguramente tú también deseas alcanzarlo. ¿Cómo lo haces? Trabajando por él y valiéndote de varias técnicas.

Objetivos

Lo primero y principal es que definas tus objetivos para el camino hacia el éxito, pues sino irás como barco a la deriva y, posiblemente, te tardes o no lo consigas.

Los objetivos están asociados con los siguientes términos: intención, aspiración, voluntad, determinación, empeño, ánimo y finalidad. Su planeamiento tiene cierto nivel de complejidad, de acuerdo al ámbito (personal, familiar, empresarial o financiero) en el que deben ser cumplidos.

Requieren de planificación, buena formulación, esfuerzo y voluntad. Asimismo, definir los objetivos implica determinación y autoconocimiento, ya que representa una decisión que repercutirá en todos los aspectos de tu vida.

En el plano personal, familiar y empresarial siempre te andas fijando objetivos. Sin ellos, no podrías tener proyectos, ni programar o planificar diferentes acciones: unas vacaciones, una carrera, una familia, una empresa, un emprendimiento...

Observa que la gran mayoría no tiene objetivos. Luchan todo el tiempo en esa conflictiva zona de la supervivencia económica. Prefieren vegetar antes que dar un sentido a sus días.

Los objetivos muchas veces están ligados a tus anhelos internos. Si tienes un sueño, los objetivos te guiarán durante todo el proceso hasta finalmente consolidarlo.

Te recomiendo que los escribas y los revises constantemente, para así verificar su cumplimiento. Estoy convencida de que dominar la forma de marcar objetivos puede producir unos profundos efectos en tu vida: en la medida en que los describas con claridad, lucharás con mayor tesón y su atracción será más fuerte. Créeme: *ante las oscuras trampas que amenazan el éxito, necesitarás un imán súper poderoso que te ayude a avanzar.*

Programa tu mente para soñar en grande y acepta que hay personas que han logrado cosas mejores que tú, pero lo han hecho por el camino del bien. Te recomiendo que estudies sus técnicas para aplicarlas a tu plan.

Con los objetivos obtienes una existencia plena. Ahora bien, el no tenerlos implica que vivirás por inercia.

Metas

En este punto te comento que las metas, como ya lo discutimos anteriormente, te facilitan el logro de tus objetivos.

Por ejemplo, si te quieres graduar (ese es tu objetivo), debes ser más organizado y disciplinado (esas serán tus metas). **Las metas** son las *intenciones que posees para realizar una tarea.*

Existen metas a corto (1 año), a mediano (de 1 a 5 años) o largo plazo (más de 5 años).

Para establecer tus metas sigue los siguientes pasos:

-Defínelas lo más específicas posible, para poder medir los resultados.
-Anótalas.
-Asígnales fechas, límites y clasifícalas en corto, mediano y largo plazo.
-Establécelas según tus prioridades.
-Plásmalas en un plan de acción para saber cómo vas a llevar a cabo su ejecución.

Te invito a que empieces a planificar tus metas lo más pronto posible. Pregúntate en dónde estarás de aquí a un año, si seguirás en lo mismo que estás haciendo o decidirás alcanzar tus sueños.

Visualización creativa

Otra técnica que te posibilita la obtención del éxito es la visión mental o la visualización creativa, una práctica que *usa la imaginación para hacer que los objetivos y las metas deseadas se cumplan.*

Es una forma de atraer el éxito y de mejorar tu vida con la capacidad de la mente, alterando las circunstancias que te rodean y haciendo que, poco a poco, sucedan los acontecimientos.

La visualización creativa es una manera natural de utilizar el poder de los pensamientos, que son capaces de atraer lo que piensas, y de convertir la imaginación en realidad.

Mediante la visualización creativa puedes definir grandes objetivos y concretar metas. No obstante, esta técnica no funciona igual para todos: cada quien encuentra áreas difíciles de cambiar, tiene ciertos límites en cuanto a sus creencias y restringe su vida a lo que conoce, es decir, se mantiene en su zona de confort.

Sin embargo, es importante que abras tu mente y tengas pensamientos positivos. ¿Cómo logras visualizar el éxito? Con objetivos y metas claras, usando tus pensamientos para el bien, con la mente abierta y conservando una actitud positiva.

Optimismo

Llénate siempre de optimismo, que es *la predisposición a entender y analizar la realidad desde un aspecto positivo.* Según la filosofía, es el mayor grado de perfección posible porque se opone al pesimismo.

Si eres optimista, verás el futuro favorablemente y afrontarás las dificultades con buen ánimo y perseverancia. Además, lograrás identificar y valorar lo positivo de cada circunstancia e individuo.

Los estudios afirman que los optimistas tienen mejor humor, son más perseverantes y más sanos. ¡Qué esperas! Sé optimista para que salgas fortalecido de las situaciones traumáticas y estresantes.

La sonrisa

La sonrisa es un instrumento asombroso de motivación. Sonreír es algo positivo, mientras que fruncir el ceño es algo negativo.

Realiza esta prueba: piensa en alguien que no te guste y sonríe, ya verás que el desagrado desaparecerá. En la medida que estás sonriente, se esfuman los enfados hacia otras personas.

La sonrisa elimina los sentimientos negativos, de la misma forma que la toalla absorbe la humedad. *Sonreír es una manera maravillosa de vencer los enemigos del éxito*, tales como la contrariedad, el enfado, la frustración, el disgusto y el miedo.

Utiliza la sonrisa para tus relaciones con los demás. Cuando te encuentres con alguien, por primera vez o por enésima vez, salúdalo con una sonrisa. Y cuando estés afirmando algo sobre un producto, una persona o una idea, sonríe también. Alcanzarás el éxito.

b- Otras técnicas para alcanzar el éxito (*Coaching* para el éxito)

Me he convencido de que es válido, y bueno, buscar aliados para encontrar el éxito. Con esto me refiero a que, además de todas las técnicas comentadas, es apropiado considerar la opción del *coaching* para el éxito.

El coaching se traduce en *un entrenamiento personalizado en el que está presente la confidencialidad.* Se lleva a cabo por un asesor llamado *coach*, que es el encargado de cubrir el vacío entre la situación en la que nos encontramos y en la que deseamos estar.

Este socio nos ayuda en la búsqueda de nuevas respuestas. El *coach* nos conduce a un desempeño superior para un compromiso de mejoras continuas y de relaciones positivas. Cuando nos ganan las ocupaciones y el estrés, nos orienta, diciéndonos que no hay que trabajar duro, sino con inteligencia, para ir en la perspectiva correcta y evitar los errores por descuido.

Es una relación profesional con una persona que acepta lo mejor de nosotros y que se encarga de asesorarnos, guiarnos y estimularnos, a fin de que superemos las limitaciones que nos hemos impuesto y que nos realicemos en los planos personales y profesionales.

El *coaching* también nos ayuda a buscar tiempo. Si bien nos quejamos de que nos falta el tiempo, debemos saber que este se expande y se contrae según la actividad que llevemos a cabo.

Con el *coaching* para el éxito aumenta tu poder innato (esa fuerza que nos permite afrontar las dificultades) y disminuye el número de cosas que te distraen y absorben tu energía. Lo que buscamos es reemplazar esa negatividad por energías positivas y enriquecedoras. El *coaching* para el éxito rectifica tu proceder y te abre las puertas porque crea en ti el espacio necesario para cuando quieras algo nuevo en tu vida.

Asimismo, y si te interesa, hace que el dinero trabaje para ti. El dinero no hace la felicidad, pero la falta de él tampoco. El secreto es saber manejarlo y tener suficientes recursos para dejar de preocuparte por cuestiones económicas. Cuando lo logras, comenzarás a sentirte más libre y pleno en tus finanzas.

Del mismo modo, el *coaching* para el éxito te ayuda a construir relaciones más sólidas y enriquecedoras. Tus posibilidades de éxito aumentarán sensiblemente, si posees los contactos idóneos y conoces a las personas valiosas.

Este proceso de aprendizaje te conduce a realizar el trabajo que verdaderamente amas. La felicidad llegará a ti. Sí, esa que es necesaria para el proceso del éxito y caracterizada por sentimientos como bienestar, satisfacción, dicha y júbilo.

Cuando haces lo que tienes que hacer, con buena disposición, te brillan los ojos y tu vida es afortunada y plena. Destaca en ti la tranquilidad, la alegría, el entusiasmo y la felicidad, debido a que estás trabajando en una tarea que te place.

Con los altibajos y los fracasos, aunque aprendas muchas lecciones, tu ánimo siempre queda un poco "golpeado", por lo que es entendible que no te quieras ni levantar. Para eso el *coach* te ayuda a mantener bajo control las circunstancias, sin perder la sensación general de satisfacción.

Recuerda que para ver el éxito es preciso que seas feliz en cada cosa que hagas y con lo que tengas a la mano. *La felicidad te libra de las nefastas secuelas del miedo*: preocupación, envidia, avaricia, resentimientos, prejuicios y odio.

El *coaching* para el éxito te ayuda a cuidar tu posesión más valiosa: tú. El modo más eficaz para que aumentes la voluntad y la disposición a recibir lo que quieres es comenzar a perfeccionar tu presente y trabajar por conseguir todo aquello que no crees merecer.

Recuerda que tus pensamientos tienen un gran poder y se manifiestan en la realidad. Si quieres saber lo que las otras personas piensan de sí mismas, observa su vida. *Atraes aquello que crees merecer.*

El éxito de seguro va a llegar, pero la preparación para recibirlo es vital. Ten por seguro que el *couch* te apoyará con esto.

c- ¿Cómo alcanzar la felicidad?

Siempre he intentado ser feliz. Y me ha dado resultado, porque lo he logrado. Ser feliz es una etiqueta lingüística, como éxito, triunfo o fracaso. Al ser una palabra, y no una experiencia del mundo real, la felicidad depende de lo que representamos cuando mencionamos ese término. Para algunos felicidad es, quizás, una familia, tal vez un auto o dormir con tranquilidad cn una hamaca.

Lo cierto es que la felicidad es necesaria. Una vez que tengamos bien definida nuestra idea de éxito, podemos decir que hemos marcado también la ruta hacia la felicidad, que será la que, independientemente de lo que suceda, nos ayudará a mantenernos tranquilos, centrados y con una actitud positiva.

Recuerda que la felicidad complementa al éxito. Si te encanta lo que haces, tendrás éxito.

La vida es una sola, y demasiado corta, para esperar que la felicidad baje del cielo. Esto no va a pasar. La felicidad es un estado que depende de ti. Y por eso aquí te comparto algunas pautas básicas para que la alcances:

-Crea la felicidad día a día: cuando experimentas una emoción, experimentas un hecho real. Vive de hechos y no de palabras, deja de lado los "debo" y los "tengo" por los "quiero".

-Actúa: aceptar no es lo mismo que no hacer nada. Realiza acciones pequeñas sobre las cosas que están a tu alcance. Recuerda que el cambio radica en tu conducta. En ti está modificar hábitos que te generan emociones negativas.

-Aplica la ecuación dar-pedir-recibir y agradecer: si no sabes dar, es posible que no recibas. Si no sabes recibir, es posible que los demás supongan que no tienen nada que darte. Si no sabes pedir, es posible que te den lo que los demás suponen y no lo que necesitas. *Si no sabes agradecer, no sabes recibir.* Cuando digo "no sabes", me refiero a tus formas y a tu comunicación no verbal. La ecuación dar-pedir-recibir y agradecer es una de las bases de la felicidad y de las relaciones sociales.

-Acepta: las emociones negativas también son buenas, no se relacionan con la felicidad, pero tienen una función. La tristeza te energiza para que vuelvas con más energía; mientras que la ira te energiza para quitar del camino lo que se interpone. Las emociones en sí son buenas, lo que tienes es que aprender a expresarlas.

-Aplica tus conocimientos: si solo llenas el cerebro de información, sabrás dar consejos, pero no sabrás qué hacer con tu propia vida. Cuando el conocimiento se transforma en capacidad, entonces, comienzan los cambios.

-Fortalece tu autoestima: valora lo bueno que tienes y acepta tus virtudes y defectos. Quizás llegues a la conclusión de que eres generoso, aunque seas envidioso, por ejemplo. Lo importante es que te vayas conociendo internamente.

-Evita las polaridades: cuanto más detestes algo de ti, más conflictos internos tendrás. Cuanto más te aferres a algo, más temes por su pérdida. La sociedad ha enmarcado a la felicidad y al éxito como factores dependientes del trabajo y, a lo sumo, de la familia. La felicidad y el éxito son dos satélites importantes. Sin embargo, es preciso que sepas que esos no son tus únicos satélites. Tienes la salud, la espiritualidad, el ocio, el amor, etc. Mientras más satélites desarrolles, más sostenes tendrás cuando uno te falle.

-No anheles lo que te hace falta: mira a tu lado y fíjate en todo lo que tienes. Tal vez quieras algo material, aunque, de seguro, tienes algunas cosas. Quizás añores algo de compañía, aunque, de seguro, alguien te la ha ofrecido. O quizás no estés bien en el trabajo, pero no generalices. Actúa sobre lo que puedes modificar. Celebra y agradece lo que tienes.

La felicidad requiere de constancia en estas pautas. Te recomiendo que las leas detenidamente, si en realidad quieres ser feliz. Hazlo con entusiasmo y acción. El entusiasmo es algo completamente invisible e intangible. Sin embargo, sus resultados puedes verlos a diario.

El entusiasmo es *la adrenalina psicológica que hace que tu mente, cuerpo y voluntad trabajen felices y concentrados*, para asegurarte la victoria, a pesar de lo duro que esta resulte, dadas las competencias, las limitaciones económicas y los otros muchos inconvenientes.

d- Otras actividades para alcanzar la felicidad

La felicidad te ayuda a alcanzar el éxito. Recuerda, *no logramos objetivos para ser felices, somos felices para lograr objetivos*. La felicidad se aprende y se ejercita.

Existen más actividades con las que puedes ser feliz:

-Meditar: aumenta y eleva tus niveles de felicidad, fortalece tu sistema inmunológico y disminuye el estrés.

-Tener algo que disfrutes con ganas: cuando anticipas mentalmente una actividad agradable, incrementas tus niveles de endorfina, la hormona responsable de la felicidad.

-Realizar buenas acciones a otros: los actos altruistas afectan positivamente tu salud, además de reducir el estrés. Ayudar a un anciano a cruzar la calle o a alguien a cargar sus cosas son actos que te hacen sentir bien, incluso por varios días.

-Ocuparte por tu entorno: el ambiente que te rodea tiene un gran impacto en tu mentalidad y en tu sensación de bienestar. Decorar la oficina con cosas que te agraden o caminar todos los días por un bonito sector son pequeñas acciones que afectan positivamente tu vida cotidiana.

-Ejercitarte: reduces el estrés, disminuyes los síntomas de depresión y ansiedad, mejoras tu autoestima y duermes mucho mejor. Ya sea caminando, en bicicleta o en el gimnasio. Piensa en cómo incorporar a tu vida alguna de estas rutinas.

-Gastar en experiencias: muchas veces se tiende a pensar que el dinero trae la felicidad. Te recomiendo que inviertas en cosas, en lugar de tener cosas. Si gastas el dinero en experiencias, sobre todo con otras personas, produces emociones mucho más positivas, potentes y duraderas, que la que te puede dar un objeto material.

-Ejercitar una fortaleza: si necesitas de una buena dosis de positivismo, es recomendable que realices actividades que te hagan sentir bien.

Lo esencial de las actividades para la felicidad es encontrar el momento oportuno. Por consiguiente, es imprescindible tener en cuenta la frecuencia y la duración de esas estrategias para ponerlas en práctica.

Con estas actividades fomentas las emociones positivas, que son un sello distintivo de la felicidad. Aunque experimentes emociones negativas, con estas actividades y con las del capítulo anterior, disfrutarás y vivirás a plenitud.

Un cerebro positivo consigue mejores resultados. Es más preciso, más rápido y más productivo.

El éxito en sí no te hace feliz. Pero si eres feliz, podrás ser exitoso. Lo que quiere decir es que si solo alcanzas objetivos en tu vida, quizás no seas completamente feliz, porque la felicidad basada en logros es efímera.

Si encuentras la forma de ser positivo en el presente estarás trabajando por los éxitos del futuro.

e- La paciencia, un ingrediente básico para el éxito

La paciencia es un poder. Sí, igual de necesario para el éxito como la perseverancia, el pensamiento positivo, la visualización creativa, entre otros.

¿Que si yo he sido paciente? Muchas veces, sin embargo, admito que no es tan fácil como se dice. Para el éxito es vital que seamos pacientes, porque este no se logra de la noche a la mañana.

Cuando comenzamos a aplicar lo explicado en este libro, es posible que creamos o esperemos ver el éxito al instante. T e comento que no es así. La paciencia es la actitud que te permite soportar los contratiempos y las dificultades y conseguir algún bien. Es el rasgo de una persona madura.

También es la virtud de quienes toleran las contrariedades y las adversidades. En este sentido, representa la facultad de aprender a aguardar por algo o alguien, sin perturbarse en la espera. Así, la paciencia te ayuda a llevar a cabo diferentes planes o tareas, sin permitir que la ansiedad arruine tu objetivo. La paciencia, en definitiva, guarda una relación estrecha con la calma y la felicidad.

Debes aprender que, con paciencia, puedes controlar tu destino. Mientras más perseverante sea tu paciencia, más segura será tu recompensa. No existe ningún gran logro que no sea el resultado de un trabajo y de una espera paciente.

La vida no es una carrera y ningún camino será lo suficientemente largo para ti, si avanzas sin prisas. Eso sí, evita el camino fácil que te conduce de manera rápida a la riqueza, la fama, el poder o el fracaso.

Recuerda que en la vida hay momentos buenos y malos, y que las tentaciones, cuando aparecen, pueden destruirte. Camina con calma y con pasos seguros.

Comprende que no puedes precipitar el éxito. Este se da paulatinamente, de la misma manera en que un niño se gesta en el vientre materno hasta que nace. De modo que *perseverar sin paciencia es imposible.* Todos los atributos o las técnicas que tienes son inútiles, si no tienes paciencia.

Te repito: la paciencia es un poder. Por eso, empléala para engrandecer tu espíritu, para hacer más dulce tu carácter, para calmar tu enojo, enterrar tu envidia, doblegar tu orgullo y tomar control de tu palabra.

Es importante que tu camino lo dibujes con mucho cuidado o siempre irás a la deriva, sin un norte. No podrás tener el éxito, si no trabajas por él duramente y con la debida paciencia.

Sin embargo, es muy común que se confunda la paciencia con la pasividad y con la falta de compromiso frente a la vida. Debes saber que *la paciencia es la fortaleza de aceptar, con serenidad, las adversidades y de generar un progreso interno.*

No todos los que trabajan duro, con objetivos, con una actitud feliz y con paciencia, logran el éxito. Pero sin estos tres atributos, el fracaso estará garantizado. Por ello debes darte todas las oportunidades de triunfar. Y, si por casualidad existe un fracaso, sigue luchando, para que obtengas un aprendizaje.

¡Qué pobres son aquellos que no tienen paciencia, vagan por la vida sin sueños, sin objetivos, sin planes y sin poder hablar ni de felicidad ni de éxito!

Recuerda que la paciencia es la clave para que obtengas satisfacción contigo mismo y con los demás.

f- Factores que evitan el alcance del éxito y la felicidad

Me he pasado todo este tiempo explicándote cuáles son los factores que te hacen feliz y exitoso. Pero lo más seguro es que te preguntes: "¿Si no hago lo que me dices aquí, no lo lograré?".

Al respecto, voy a comentarte ciertos factores que impiden que logres la felicidad y el éxito:

-Inhabilidad para controlar las emociones: a diario experimentas emociones que, al final de cuentas, harán interesante tu existencia. Pero cuando pierdes el control, tus problemas comienzan. La falta de control puede impulsarte a tomar decisiones erradas y aislarte de las personas correctas. Ambos casos te pueden impactar negativamente en cualquier área.

-Programación negativa: esto ocurre cuando tu mente está programada para fracasar. Has escuchado alguna vez: "¿Si me gano la lotería, lograré mi sueño?". Obviamente, esta persona sí tiene sueños y desea dinero, pero se ha programado a sí misma para creer que la única manera de obtener el dinero es con un golpe de suerte. Se niega a pensar que es capaz de tener una vida de abundancia. El hecho de que una persona sea negativa es una decisión propia. Si has sido programado para fracasar, siempre fracasarás. Aun cuando logres el éxito, poco a poco, te lo sabotearás, pues el fracaso es lo único que atraes.

-Acciones inoportunas: es importante que sepas elegir el tiempo adecuado. Aprovechar el mejor momento hace milagros. Debes mantenerte alerta a las oportunidades que se te presenten en cada situación y circunstancia.

-No vivir el presente: evita ser "una persona histórica", es decir, anclada al pasado.

-Falta de visión clara: cuando caes en la dispersión, te cuesta identificar tu camino. No seas vago; sé capaz de atraer lo positivo.

-Hábitos negativos: trabaja por cambiar tus hábitos destructivos para obtener lo que deseas.

-Rodearte de energía negativa: las personas que te acompañan influenciarán en quien te convertirás. La mente es muy poderosa, pero también es extremadamente susceptible a la contaminación de las malas energías. Lo negativo se puede transmitir fácilmente de una persona a otra. Trata, entonces, de elegir personas positivas.

-Mala salud: haz ejercicio y ten una buena alimentación. No solamente añadirás años a tu vida, sino que fortalecerás tus habilidades mentales y tomarás las mejores decisiones.

Lucy Amado®

La suerte no existe. Lo bueno de la vida
hay que construirlo o atraerlo. Para que tengamos
felicidad y éxito debemos trabajar
en lo que más nos guste.
El éxito y la felicidad son decisiones de vida
porque requieren de mucho esfuerzo. Yo me
atrevería a decir que emplearás horas y horas
para ellos. Es por eso que tienes que decidir
si estás dispuesto a lograrlos.

a- Acciones para el éxito y la felicidad

El éxito y la felicidad van de la mano. De los casos narrados y de las experiencias personales puedo concluir que, con determinación y planificación, sí es posible obtener el éxito. Lo importante es sobrepasar con actitud positiva los obstáculos o las circunstancias desagradables y aprender a disfrutar los momentos de placer.

Si nos cuesta entender lo que pasa en los días de oscuridad, o cuando ya es inminente el fracaso, debemos encontrar la lección.

Para alcanzar el éxito debes plantearte objetivos, pero para ser feliz debes aprender a serlo con lo que tienes en el momento. Es importante que formules tu propia definición de éxito. Para mí es trabajar durante el día, llegar a casa con mi familia, respirar el aire de mi hogar y percibir el olor de la cena preparada con amor… (Pienso, en este instante, en el rico olor de la arepa, comida típica de mi país, que envuelve mi hogar e invita a compartir la mesa con los míos). *La definición que tengas de éxito marcará tu ruta.*

Ahora te voy a compartir algunas acciones para la felicidad y el éxito que no está de más que las hagas en tu día a día, en conjunto con las actitudes y las técnicas que has aprendido.

-Eliminar las cosas molestas: es difícil tener éxito en lo que sea, si soportas muchas cosas fastidiosas. Para eliminarlas, comienza por apuntar todo aquello que te molesta. Escríbelas (no sirve hacerlo mentalmente) en un papel. Los pequeños inconvenientes absorben tu energía y reducen tu capacidad de atraer la felicidad y tener éxito. No los soportes, simplemente elimínalos. Cuando hayas terminado de escribir tu lista, es posible que tengas la impresión de que algunas están más allá de tu control, por lo que no sabes cómo eliminarlas. No te preocupes, déjalas en la lista y ocúpate de las que puedas resolver.

-Suprimir los escapes de energías: muchas cosas consumen tu preciosa energía, sin que ni siquiera tengas conciencia de ello. Uno de los mayores ladrones de energía son las experiencias negativas. Muchas veces esos sucesos nos llevan a ocupar nuestros pensamientos por un largo tiempo, sin encontrar una solución efectiva.

-Crearte diez buenos hábitos diarios: la mayoría de nosotros posee malos hábitos que, en realidad, no soporta ni quiere realizar. De manera que no se trata de que los nuevos hábitos sean una obligación, sino rutinas que disfrutes.

-Eliminar los "debería": borra esas cosas que crees que debes hacer, que representan una obligación, pero que, de hecho, no te interesan. Examina tu lista de "deberías" y deshazte de todos los que puedas.

-Protegerte con elegancia: tal y como Eleonor Roosevelt decía: "Nadie puede hacer que te sientas inferior, si tú no se lo permites". Así que cada vez que una persona te hiera o te moleste es porque tú se lo apruebas.

-No ignorar lo pequeño: un límite define lo que los demás pueden o no hacerte. Si ignoras lo pequeño, terminarás por ser una montaña y explotarás.

-Elevar el nivel de lo que consideras aceptable: nunca crecerás como persona hasta que aprendas a aceptarte tal y como eres. Debes reconocer tus defectos, o como yo los llamo "rasgos en desarrollo", para aumentar tu confianza.

-Aprender a decir no: a tu vida llegará todo tipo de gente, invitaciones y oportunidades. Eso no significa que debas aceptarlo indiscriminadamente. Pon en juego tu espíritu crítico. Al decir que no, reservas espacio para las oportunidades y las relaciones adecuadas.

-Llegar 10 minutos antes de la hora: ten por seguro que la manera más sencilla de ahorrar tiempo es llegar 10 minutos antes a cualquier cita profesional o personal que tengas. Así puedes ordenar tus ideas, acomodarte en el sitio y relajarte.

-Perdonar de antemano: cargar con rencor o con resentimiento te desgasta mucho. Si quieres liberarte de un peso tremendo, solo tienes que llamar a esa persona a la que heriste y pedirle disculpas. No necesitas cargar con el pasado y los rencores que terminarán por agobiarte o reducir tus capacidades.

-Aprender que todo es bueno, incluso lo malo: es fácil tener una actitud positiva, si comprendes que todo tiene su lado bueno, incluso lo más desagradable. Para apreciar lo bueno de la vida en toda su plenitud, tienes que experimentar también lo opuesto.

-Trabajar en un proyecto personal: una manera de descubrir cuál es tu talento especial o tu don innato es trabajar en un proyecto personal que te entusiasme. Diseña un plan que pueda ser divertido, ya sea en tu trabajo, tu casa o tu comunidad.

-Despejar tu vida: crear espacio es una de las maneras más sencillas y efectivas de atraer lo nuevo. Si tienes una sensación de estancamiento, comienza por despejar el terreno. Haz una limpieza profunda del cuarto o del closet. Luego puedes donar esos artículos a la caridad. Esto implicará renunciar a algo y desprendernos de lo material. Una vez que tomas conciencia de que puedes vivir sin tantas cosas, te es más fácil hacer una valoración real de los objetos que jamás hubieses pensado desechar.

-Simplificar tu vida: el hecho de que tengas una agenda llena no significa que eres feliz y exitoso, porque, al estar tan ocupado, pierdes diversas oportunidades. Facilitar tu rutina no tiene por qué ser complicado. Aprender a crear un espacio más calmado y equilibrado puede ayudarte enormemente. Comienza a partir de hoy: elimina el desorden, organízate, simplifica tus relaciones y aprende a tomarte el tiempo para moderar tu velocidad. Algo muy importante: deja de comprar cosas nuevas si no las necesitas.

Adicionalmente, te sugiero que leas un buen libro. Empezar a leer no requiere de ningún esfuerzo. Asimismo, recuerda elegir bien a tus amistades, rodéate de gente interesante, positiva y que tenga tus mismos intereses.

No esperes que la magia aparezca cuando haces las mismas cosas una y otra vez. Es necesario dar un paso hacia adelante y empezar a hacer cosas nuevas. *El miedo al fracaso es, generalmente, la razón por la que las personas se mantienen en su zona de confort.*

Finalmente, céntrate en ser productivo, que es muy diferente a estar ocupado, para que en vez de decir que estás ocupado, digas que no es tu prioridad. Ciertamente dispones de 24 horas al día, pero eres tú el que debe asignar las tareas prioritarias. Cuando te levantes, dedícate a hacer una sola tarea que marque la diferencia en tu cotidianidad. Será tu "tarea clave". Establece todos los días una "tarea clave" y cumple con ella.

¡No olvides aportar valor a los demás!

b- ¿Lograr el éxito y la felicidad es cuestión de suerte?

La suerte no existe. Lo bueno de la vida hay que construirlo o atraerlo. Para que tengamos felicidad y éxito debemos trabajar en lo que más nos guste.

El éxito y la felicidad son decisiones de vida porque requieren de mucho esfuerzo. Yo me atrevería a decir que emplearás horas y horas para ellos. Es por eso que tienes que decidir si estás dispuesto a lograrlos.

Te invito a buscar la felicidad y el éxito desde tu experiencia práctica. No esperes la suerte, esa que "te cae del cielo". Debes trabajar constantemente, con el apoyo de las actitudes, las técnicas y las acciones que has aprendido en este libro.

Y recuerda que la felicidad no consiste en lograr objetivos y metas, sino de disfrutar del camino hacia el éxito.

Cuando ves a una persona feliz y exitosa, quizás dices: "Bueno, a lo mejor tuvo suerte", pero no imaginas las horas que empleó para gozar de todo lo que tiene. Ten en cuenta esto: *no se tiene suerte, simplemente trabajas el éxito y lo atraes con la mente.*

Con éxito serás el dueño de tu destino. No obstante, en algún momento puedes llegar a pensar: "Por más esfuerzo que hago nunca logro nada", "tengo mala suerte" o "el éxito no depende de mí". Te repito: debes salir de tu zona de confort, arriesgarte y creer firmemente que sí puedes. Visualiza lo que quieres ser. Con disciplina y autocontrol, lo lograrás.

Las personas que tienen "suerte" generalmente trabajan donde no ponen en práctica sus talentos. Podrán ser "exitosas", pues logran sus objetivos y metas, pero, en el fondo, van a pasar el tiempo haciendo algo que no les gusta y con lo que no son felices.

c- El éxito y la felicidad para vivir en abundancia

Al alcanzar la felicidad y el éxito, llega la abundancia y la prosperidad. Personalmente noté que, poco a poco, aparecieron cuando comencé a pensar en grande y a trabajar por hacer mis sueños realidad.

Estás inmerso en una energía infinita y eterna de la cual provienen las cosas. Recuerda que una idea puede valer millones de dólares y solo alcanza a aquellos que son perceptivos, creativos y que están en un estado mental exitoso y de felicidad.

Las grandes ideas tienden a eliminar a las pequeñas. De manera que debes aferrarte a las que son lo suficientemente grandes para contrarrestar y destruir las tendencias indeseables.

Descubre tu mayor tesoro interior: pensar en grande. Inicia con grandes pensamientos, ¡no tengas miedo! Sobre la base de esos grandes pensamientos, construye grandes sueños. Hazlos realidad, lucha por ellos y compártelos con la humanidad. Recuerda que llegaste a este mundo para marcar la diferencia.

Tus pensamientos, creencias y actitudes determinan, de forma importante y previsible, lo que se manifiesta en tu vida. Ya eso lo he comentado. Lo que no te he dicho es que luego de obtener la felicidad y el éxito debes mantener la actitud positiva, si quieres ver la abundancia, la prosperidad y la satisfacción. Sé creativo y el universo se encargará de ser la fuente de tu energía.

Aplica las siguientes leyes:

-La ley del amor: es una de las principales leyes del universo porque de allí derivan todas las demás leyes que son positivas y que nos ayudan a evolucionar nuestra mente y nuestro cuerpo. Amar lo que te rodea significa que te amas a ti mismo.
-La ley de atracción: tus pensamientos constituyen una forma de energía que se mueve a una velocidad determinada. Actúa en todas partes y en todo momento. Esta ley te permitirá crecer hasta poder lograr tu felicidad.

Todo en el universo existe en virtud de su rango de vibración. Te explico: la frecuencia en vibración está asociada a ondas que suben y bajan en un segundo. Cuanto mayor es la frecuencia, más rápido vibra la onda y aumenta la sensibilidad de nuestro entorno, por lo que somos capaces de percibir mejor la realidad. Utiliza, a la par de la planificación y la disciplina, este poder en tu vida. Tú puedes mejorar y llegar a ser esa persona feliz, exitosa y llena de abundancia, a través de la conexión con tu mente generadora, que crea todo lo que existe.

Tus pensamientos te pueden llevar a todo tipo de acciones. Por ello, debes tener pensamientos deseables. No serás útil a menos que seas fuerte. Si deseas servir a los demás, debes tener poder.

Lo más importante de la felicidad y el éxito no es alcanzarlos, sino mantenerlos, de ellos dependerá que la abundancia y la prosperidad lleguen a cualquier ámbito de tu vida. Es preciso que compartas tus logros cuando eres feliz y exitoso. No me refiero solamente a cosas materiales, sino también a conocimientos y experiencias.

En otras palabras, mientras más des, más recibirás. Debes convertirte en un canal que exprese la actividad de lo universal. Cuando pensamos en lo que queremos (bienes materiales o intangibles, como el amor o el bienestar), raramente tomamos en cuenta todo lo que debemos hacer para lograrlo. Simplemente nos quedamos en la imagen de la recompensa.

El dar es una parte fundamental en la vida. Una vez que lo comprendas, habrás abierto una puerta indispensable. El amor atrae el amor, la abundancia crece con más abundancia, el agradecimiento es retribuido con cariño y mayor gratitud. Es por ello que deberías plantearte muy bien qué es lo que has estado dando hasta ahora para ver cambios en tu vida. Cuando Einstein estableció que la intención del experimento tiene influencia en el resultado del mismo, expresó un elemento fundamental de la metodología de la manifestación: "Todo tiene influencia en todo".

El éxito y la felicidad son estados que no dependen únicamente de la posesión de cosas. *Es la actitud de tu mente hacia la vida lo que determinará tus experiencias.* Y si no das nada, no tendrás nada. Si pides mucho, recibirás una porción más grande. No olvides que las oportunidades se esfuman.

Por último te invito a que cierres tus ojos. Piensa en grande, visualiza las cosas que anhelas. Conecta esto con tus objetivos y metas. Llegará el éxito con su abundancia, prosperidad y equilibrio.

d- El éxito y la felicidad como un trabajo a tiempo completo

He llegado a la conclusión de que el éxito y la felicidad deben trabajarse y mantenerse constantemente porque las cosas negativas y las dificultades están a la orden del día. Quizás te preguntes: "¿Cómo así que un trabajo a tiempo completo?". Te explico: puedes hacer todo lo que aprendiste en este libro, pero debes estar atento a lo que piensas para así intervenir a tiempo, a fin de que no pierdas la felicidad, el éxito, la abundancia y la paz que has conseguido.

Cada vez que estés dentro de tus emociones negativas (rabia, miedo, culpa y frustración), realízate las siguientes preguntas: ¿realmente estas emociones me ayudan a encontrar la felicidad y el éxito?, ¿qué puedo practicar en estas circunstancias para hacer una mejor versión de mí? Recuerda lo que te comenté sobre el fracaso: aun en los momentos más oscuros puedes encontrar la luz.

No dejes que pase un día en el que no hagas el esfuerzo por mantener la paz. Esta práctica te convertirá en un ser más pleno, a pesar de los problemas. Con tu actitud positiva, serás feliz y alcanzarás tus objetivos y metas.

Finalizo con esta reflexión: desde el día que me propuse escribir sobre el éxito y la felicidad tuve que superar pruebas muy duras. Sin embargo, hoy me siento orgullosa de que, pese a todas esas adversidades, soy testimonio del trabajo a tiempo completo que es el éxito y la felicidad. Además me complace el hecho de que hayas disfrutado de esta lectura, en la que te transmití que sí puedes ser feliz y exitoso.

El éxito sin felicidad no vale la pena.
Anímate y encuentra lo que en realidad anhelas.
Una vez que definas tu idea de éxito, puedes
marcar tu ruta a la felicidad.

Índice